BEI GRIN MACHT SICH IHR WISSEN BEZAHLT

- Wir veröffentlichen Ihre Hausarbeit, Bachelor- und Masterarbeit

- Ihr eigenes eBook und Buch - weltweit in allen wichtigen Shops

- Verdienen Sie an jedem Verkauf

Jetzt bei www.GRIN.com hochladen und kostenlos publizieren

Bibliografische Information der Deutschen Nationalbibliothek:

Die Deutsche Bibliothek verzeichnet diese Publikation in der Deutschen Nationalbibliografie; detaillierte bibliografische Daten sind im Internet über http://dnb.d-nb.de/ abrufbar.

Dieses Werk sowie alle darin enthaltenen einzelnen Beiträge und Abbildungen sind urheberrechtlich geschützt. Jede Verwertung, die nicht ausdrücklich vom Urheberrechtsschutz zugelassen ist, bedarf der vorherigen Zustimmung des Verlages. Das gilt insbesondere für Vervielfältigungen, Bearbeitungen, Übersetzungen, Mikroverfilmungen, Auswertungen durch Datenbanken und für die Einspeicherung und Verarbeitung in elektronische Systeme. Alle Rechte, auch die des auszugsweisen Nachdrucks, der fotomechanischen Wiedergabe (einschließlich Mikrokopie) sowie der Auswertung durch Datenbanken oder ähnliche Einrichtungen, vorbehalten.

Impressum:

Copyright © 2018 GRIN Verlag
Druck und Bindung: Books on Demand GmbH, Norderstedt Germany
ISBN: 9783668785632

Dieses Buch bei GRIN:

https://www.grin.com/document/438385

Alexander Wehner

Soft Skills mit E-Learning trainieren - geht das?

GRIN Verlag

GRIN - Your knowledge has value

Der GRIN Verlag publiziert seit 1998 wissenschaftliche Arbeiten von Studenten, Hochschullehrern und anderen Akademikern als eBook und gedrucktes Buch. Die Verlagswebsite www.grin.com ist die ideale Plattform zur Veröffentlichung von Hausarbeiten, Abschlussarbeiten, wissenschaftlichen Aufsätzen, Dissertationen und Fachbüchern.

Besuchen Sie uns im Internet:

http://www.grin.com/

http://www.facebook.com/grincom

http://www.twitter.com/grin_com

Recht – Management – Psychologie
Thema:
Soft Skills mit E-Learning trainieren – geht das?

Schriftliche Ausarbeitung an der
Hochschule des Bundes für öffentliche Verwaltung

im Fach: Personal in der Bundesverwaltung

Modul 19.2:   Personalmanagement

Themenstellung am: 25.04.2018
Bearbeitungsbeginn: 26.04.2018
vorgelegt am: 25.05.2018

Inhaltsverzeichnis

Abkürzungsverzeichnis II

1   Einleitung 1

2   Theoretische Grundlagen 1

2.1   Der Begriff der „Soft Skills" 1

2.1.1   Die Wichtigkeit fachübergreifender Kompetenzentwicklung 3

2.1.2   Einordnung der Kompetenz in Klassen 4

2.2   E-Learning – die Lösung für die Kompetenzentwicklung? 5

3   Fazit 7

Literaturverzeichnis 8

Abkürzungsverzeichnis

(o.g.)	oben genannte
(bzw.)	beziehungsweise
(BIBB)	Bundesinstitut für Berufsbildung
(z.B.)	zum Beispiel
(d.h.)	das heißt
(GBS)	Goal-Based Scenario Ansatz
(BMBF)	Bundesministerium für Bildung und Forschung
(ESF)	Europäischer Sozialfonds
(u.a.)	unter anderem

1 Einleitung

In dieser schriftlichen Ausarbeitung wird das Thema „Soft-Skills durch E-Learning trainieren – geht das?" untersucht. Wie bereits die oben genannte (o.g.) Fragestellung suggeriert, soll untersucht werden, inwieweit das Erlernen von fachübergreifenden Kompetenzen, den sogenannten Soft-Skills, mit Hilfe von E-Learning Angeboten möglich ist. Das Ziel dieser Ausarbeitung ist es demnach herauszuarbeiten was unter Soft-Skills verstanden wird und welche Wichtigkeit den (fachübergreifenden) Kompetenzen zugeschrieben werden kann. Eine Übersicht zur Einteilung von Kompetenzen in Klassen soll dabei darstellen wie eine Vielzahl von unterschiedlichen Kompetenzen zum Schlagwort „Soft-Skills" führen. Der Begriff des elektronischen Lernens (E-Learning) wird vorgestellt und in Beziehung zum Lernziel einer effektiven Kompetenzentwicklung gesetzt.

Die Ausarbeitung ist aufgebaut in einen theoretischen Grundlagenteil und einen Schlussteil. Im theoretischen Teil wird der Begriff der Kompetenzen mit ihren Charakteristika und das Themenfeld des E-Learning näher vorgestellt. Im anschließenden Schlussteil wird die Hauptfrage der Möglichkeit des Trainings von Soft-Skills durch E-Learning behandelt und ein abschließendes Fazit gezogen.

Neben der reinen Literaturrecherche erfolgt aufgrund der zunehmenden Bedeutung der fachübergreifenden Kompetenzen, im Speziellen in der Arbeitswelt, eine Einbeziehung von Fachzeitschriften und Internetrecherche.

2 Theoretische Grundlagen

2.1 Der Begriff der „Soft Skills"

Der Begriff der „Soft Skills" dient inzwischen als Leitwort wenn es um das Thema Kompetenz geht.[1] Besonders häufig begegnet einem der Begriff im beruflichen Umfeld beziehungsweise (bzw.) im Bereich der Personalentwicklung. Unter die Leitwörter Soft Skills bzw. fachübergreifende Kompetenzen lassen sich problemlos die inzwischen geläufigen Begriffe Sprachkompetenz, Genderkompetenz, Sozialkompe-

---

[1] Vgl. Flasdick, J., 2005, S.8

tenz, Gesprächskompetenz und Teamkompetenz subsumieren.[2] Diese Aufzählung stellt dabei nur einen kleinen Teil der heutzutage notwendigen Kompetenzen im beruflichen Alltag dar. Nach der Auffassung des Kompetenzforschers Prof. Dr. John Erpenbeck spiegeln alle Begriffe, die sich unter das Leitwort der Soft Skills subsumieren lassen, Selbstorganisationsfähigkeiten wieder.[3] Die Einteilung erfolgt in vier weitestgehend von der Kompetenzforschung akzeptierte Kompetenzklassen.[4] Dazu zählen die personale Kompetenz (Beispiele: Zuverlässigkeit, Lernbereitschaft), aktivitäts- und umsetzungsorientierte Kompetenz (Beispiele: Flexibilität, Kreativität), fachlich-methodische Kompetenz (Beispiel: EDV-Kenntnisse) und die sozial-kommunikative Kompetenz (Beispiele: Teamfähigkeit, Durchsetzungsvermögen).[5] Die Fachkompetenz, also die sogenannte fachliche Qualifikation, wird von Unternehmen im Bereich der Weiterbildung, laut einer Studie des Bundesinstituts für Berufsbildung (BIBB) aus dem Jahre 2009, mit 77 Prozent weiterhin als am wichtigsten erachtet.[6] Bei genauerer Betrachtung der Studie zeigt sich jedoch eine deutliche Zunahme der Bedeutung von Soft Skills.[7] Die Abgrenzung zwischen berufsfachlicher Qualifikation und den oben vorgestellten fachübergreifenden Kompetenzen erläutert die Medienwissenschaftlerin Julia Flasdick mit Hilfe von einfachen Darstellungen, zum Beispiel (z.B.) wenn ein Mitarbeiter die gestellte Aufgabe aufgrund von fehlender Kompetenz nicht bewältigt bekommt oder spezieller ausgedrückt, wenn es einem Informatiker mit sehr guter berufsfachlicher Qualifikation aufgrund der fehlenden Kreativität verwehrt bleibt das Projekt zum Abschluss zu bringen.[8] Daraus abgeleitet kann definiert werden, dass fachübergreifende Kompetenzen stark von der jeweiligen Situation abhängen und nur im Kontext betrachtet werden dürfen.[9] Die Erlernung der verschiedenen Kompetenzen dient dabei als Schlüssel bei der Lösung von komplexen Aufgabenstellungen, da sie folgerichtig zu

---

[2] Vgl. Flasdick, J., 2005, S.8

[3] Vgl. Erpenbeck, J. & von Rosenstiel, L., 2005, S.41

[4] Vgl. Hasebrook, J. & Zawacki-Richter, O., 2005, S.19

[5] Vgl. Hasebrook, J. & Zawacki-Richter, O., 2005, S.19

[6] Vgl. BIBB Report, 2009, S.5

[7] Vgl. BIBB, 2009, Pressemitteilung 06/2009

[8] Vgl. Flasdick, J., 2005, S.8

[9] Vgl. Hasebrook, J. & Zawacki-Richter, O., 2005, S.19

einem guten Zusammenspiel mit der Anwendung des fachlichen Wissens führt.[10] Die Erlernung von Soft Skills muss dabei das Ziel verfolgen, bereits vorhandene Werte, das heißt (d.h.) die durch Tradition, Sozialisation oder die Entwicklung einer Weltanschauung gebildeten Orientierungsparameter[11], so zu verändern, dass ein Einklang hergestellt wird zwischen den neu erlernten Kompetenzen und den als Stabilisator existierenden Werten.[12] Dies geschieht anhand einer individualisierten Förderung und Entwicklung von Werten und Aneignung von Kompetenzen mit Hilfe von Selbstbestimmung und Selbstorganisation der Lerninhalte.[13] Kompetenzen bzw. Soft Skills verfolgen als weitergehendes Ziel, eine Anwendung des vorhandenen Wissens in jeder Problemlage selbstorganisiert durchführen zu können.[14] Diese Fähigkeit wird auch als Handlungskompetenz bezeichnet und ist definiert durch die umfassende Betrachtungsweise beim Zusammenwirken der verschiedenen Teilkompetenzen, die einem immerwährenden Fortschritt unterliegen.[15]

2.1.1 Die Wichtigkeit fachübergreifender Kompetenzentwicklung

Für Unternehmen, die auf Innovation setzen, spielt der Faktor Kompetenzentwicklung eine immer stärkere Rolle.[16] Die Maßstäbe des Arbeitens untereinander verändern sich und es werden Soft Skills gefragt sein, die es Mitarbeitern leichter machen, auch unvorhersehbare Problemstellungen durch den Einsatz von verschiedenen Kompetenzen zu meistern.[17] Unternehmen haben diese „Schwachstelle" erkannt und haben die Wichtigkeit der Kompetenzentwicklung mit in ihre Unternehmensphilosophie aufgenommen. Nicht mehr nur die reinen berufsfachlichen Qualifikationen sollen ausschlaggebend sein, sondern auch die persönlichen Kompetenzen wie beispielsweise Leistungswille, Selbstständigkeit, Teamfähigkeit.[18] Diese Faktoren können entscheidend sein, ob Arbeitsgruppen wirklich Erfolg haben und so in der

---

[10] Vgl. Flasdick, J., 2005, S.9

[11] Vgl. https://wirtschaftslexikon.gabler.de/definition/werte-49667/version-272895

[12] Vgl. Flasdick, J., 2005, S.9

[13] Vgl. Flasdick, J., 2005, S.9

[14] Vgl. Hasebrook, J. & Zawacki-Richter, O., 2005, S.19

[15] Vgl. Hölbling, G., & Reglin, T., 2003, S.11f.

[16] Vgl. Erpenbeck, J. & von Rosenstiel, L., 2005, S.42

[17] Vgl. BIBB, 2015, Pressemitteilung 18/2015

[18] Vgl. Erpenbeck, J. & von Rosenstiel, L., 2005, S.42

Lage sein werden zum betrieblichen Fortschritt beizutragen.[19] Im Bereich der Führung von Mitarbeitern wird in Zukunft die Orientierung verstärkt auf die Kompetenzen ausgerichtet sein. Ein wesentlicher Grund dafür ist der hohe Anpassungsdruck der Unternehmen, beispielsweise erfordern notwendige interne Strukturänderungen feinfühlige (sozial kompetente) Führungskräfte.[20]

2.1.2 Einordnung der Kompetenz in Klassen

Nach der Vorstellung des Begriffes der Soft Skills und der Erläuterung der Wichtigkeit, soll nun noch einmal auf die Einordnung der einzelnen Kompetenzen in Klassen eingegangen werden. Wie bereits unter Punkt 2.1 beschrieben, sind die vier Kompetenzklassen personale Kompetenz, aktivitäts- und umsetzungsorientierte Kompetenz, fachlich-methodische Kompetenz und die sozial-kommunikative Kompetenz weitestgehend von der Kompetenzforschung anerkannt. Als Oberbegriff hat sich daher der Begriff der Handlungskompetenz etabliert, unter dem das untereinander abhängige Zusammenwirken der einzelnen o.g. Teilkompetenzen verstanden wird.[21] In Ergänzung zu den vier Kompetenzklassen gibt es die sogenannten „Querschnittskompetenzen". Dazu zählen beispielsweise die Medienkompetenz, Innovationskompetenz, Führungskompetenz und die Interkulturelle Kompetenz.[22] Sie stehen im Verhältnis zu den vier „klassischen" Teilkompetenzen und stehen daher allesamt unabdingbar in Bezug zueinander.[23] Daher ist es möglich die jeweiligen Querschnittskompetenzen in die einzelnen Klassen einzubetten.[24] Nachfolgend die Darstellung für die Führungskompetenz und die Interkulturelle Kompetenz:[25]

---

[19] Vgl. BIBB, 2015, Pressemitteilung 18/2015

[20] Vgl. Erpenbeck, J. & von Rosenstiel, L., 2005, S.42

[21] Vgl. Bolten, J., 2002, S.41f.

[22] Vgl. Hasebrook, J. & Zawacki-Richter, O., 2005, S.22

[23] Vgl. Bolten, J., 2002, S.41f.

[24] Vgl. Hasebrook, J. & Zawacki-Richter, O., 2005, S.22

[25] Vgl. Erpenbeck, J. & von Rosenstiel, L., 2005, S.42 und Hasebrook, J. & Zawacki-Richter, O., 2005, S.22

	personale Kompetenz	aktivitätsbezogene Kompetenz	fachlich-methodische Kompetenz	Sozialkommunikative Kompetenz
Führungskompetenz	Humanität, Charisma	Belastbarkeit, Leistungswillen	Operatives Fach- und Planungswissen, fachübergreifende Kenntnisse	altersdifferenzierend, interkulturell-international offen
Interkulturelle Kompetenz	Neugierde, Offenheit, Empathie	Handlungsfähigkeit in interkulturellen Überschneidungssituationen	kulturbezogenes Wissen als Grundlage	Kommunikationsfähigkeit in kulturellen Überschneidungssituationen

Die Handlungskompetenz setzt sich demzufolge aus den „klassischen" Teilkompetenzen und den Querschnittskompetenzen zusammen.[26]

2.2 E-Learning – die Lösung für die Kompetenzentwicklung?

Der Begriff des elektronischen Lernens, oder auch E-Learning, bezieht alle digitalen Möglichkeiten zur Weitergabe von Wissen ein.[27] Wie bereits unter Punkt 2.1. beschrieben, gelingt eine Entwicklung von Soft Skills nur, wenn es E-Learning Angebote schaffen eine Änderung von Werten anzustoßen.[28] Für eine erfolgreiche Kompetenzentwicklung mit Hilfe von E-Learning Angeboten kommt es in erster Linie auf die Bereitstellung von elektronischen Lernumgebungen an, die eine Förderung von selbstbestimmten Lernen und Interaktion zum Ziel haben.[29] Mögliche computerunterstützte oder auch internetunterstützte Lernumgebungen können dabei bereits etablierte Werkzeuge wie z.B. Internetforen, Chats, virtuelles Klassenzimmer oder Mailinglisten implementiert haben.[30] Der Goal-Based Scenario Ansatz (GBS) geht dabei noch einen Schritt weiter und sieht nicht nur die Bereitstellung von Informationen bzw. Lernmaterialien und die reine Wissensabfrage als zielführend an, sondern versucht mit Hilfe von situationsbezogenen Szenarien ein reali-

---

[26] Vgl. Bolten, J., 2002, S.42
[27] Vgl. https://www.onlinemarketing-praxis.de/glossar/e-learning
[28] Vgl. Flasdick, J., 2005, S.9
[29] Vgl. Flasdick, J., 2005, S.9
[30] Vgl. Flasdick, J., 2005, S.10

tätsnahes Erlernen von Kompetenzen zu ermöglichen.[31] Als Grundlage des GBS dienen die Erfahrungswerte aus Computerspielen.[32] Für die Vermittlung von Kompetenzen, die auf diesem Ansatz basieren, kommen somit Planspiele und Simulationen zum Einsatz.[33] Durch die Simulation (z.b. Projektführung, Verkaufsgespräch) wird dem Lernenden ermöglicht selbst zu erkennen wie wichtig sein Handeln für die Zielerreichung ist. Einen positiven Nebenlerneffekt stellt das notwendige interaktive Agieren des Lernenden dar.[34] Ebenfalls zum Gebiet des E-Learning zählen virtuelle Communities. Es erfolgt eine Förderung von Kompetenzen, welche losgelöst von didaktischen Vorgaben und weniger strukturiert vollzogen wird. Lernen in Communities ist gekennzeichnet durch Unabhängigkeit in Bezug auf Zeit und Ort des Lernens, dabei aber dennoch zielgerichtet, insbesondere durch die Orientierung an konkreten Situationen.[35] Ableitend aus den zuvor definierten Methoden wird festgestellt, dass bei der Kompetenzentwicklung durch E-Learning stets ein Schwerpunkt auf die Art der angewandten Didaktik gelegt werden muss. Oft sind daher althergebrachte digitale Lernprogramme, wie z.b. Online-Schulungen oder Erklärvideos nicht für eine Übertragung von Soft Skill Fertigkeiten geeignet.[36] Problematisch ist vor allem die fehlende Möglichkeit des gegenseitigen Interagierens.[37] Dies hat verschiedene Gründe. Betrachtet man die Grundvoraussetzungen für eine erfolgreiche Vermittlung von verschiedenen Kompetenzen, d.h. das praktische Handeln, das Reflektieren des Getanen und das notwendige Beobachten der Situation, lässt sich feststellen, dass diese vorzugsweise nur in Blended-Learning Angeboten erfüllt werden.[38] Blended-Learning setzt dabei auf eine Mischung aus E-Learning Elementen mit herkömmlichen Praxisphasen. Das Projekt „Toleranz-Lernen" des Bundesministeriums für Bildung und Forschung (BMBF) und des Europäischen Sozialfonds (ESF) bedient sich dieser Mischform des Lernens, um mit

---

[31] Vgl. Zumbach, J., 2005, S.8

[32] Vgl. Flasdick, J., 2005, S.10

[33] Vgl. Zumbach, J., 2005, S.47f.

[34] Vgl. Zumbach, J., 2005, S.47

[35] Vgl. Flasdick, J., 2005, S.10

[36] Vgl. Zumbach, J., 2005, S.4

[37] Vgl. Flasdick, J., 2005, S.10

[38] Vgl. Redlich, J. & Rogmann, A., 2007, S.383f.

Hilfe von Präsenztagen und daran anschließender Onlinephase für eine gelungene Weiterentwicklung der interkulturellen Kompetenz zu sorgen.[39]

3 Fazit

In diesem Punkt wird abschließend die Frage beleuchtet, ob durch E-Learning Angebote das Trainieren von Soft Skills (fachübergreifenden Kompetenzen) möglich ist. Besonders im beruflichen Bereich kommt den Soft Skills, d.h. den fachübergreifenden Kompetenzen wie unter anderem (u.a.) Leistungswille, Selbstständigkeit, Teamfähigkeit, eine immer größere Bedeutung zu. Für viele Unternehmen stellt sich daher die Frage, wie der betriebliche Erfolg weiterhin sichergestellt werden kann. Auswirkungen hat dies natürlich auch auf die Frage der notwendigen Weiterbildung von Mitarbeitern. Weiterbildungsangebote, die fast ausschließlich den Präsenzansatz verfolgen, stehen auch heutzutage bei den Unternehmen noch hoch im Kurs. Der Weiterbildungsmarkt befindet sich jedoch in einem Wandel. Verschiedene Formen des E-Learning, wie beispielsweise Lernplattformen, Chats, virtuelle Klassenzimmer, Foren und virtuelle Communities werden vermehrt eingebunden. Auch das Blended-Learning Konzept als Mischform zwischen analogem und digitalem Lernen findet sich immer häufiger in den verschiedenen Angeboten der Weiterbildungsträger wieder. Dabei sollten Unternehmen jedoch genau analysieren, ob durch den Anbieter eine ausgewogene Didaktik bei der Gestaltung des Weiterbildungsangebotes berücksichtigt wurde. Fehlende Interaktion und nicht vorhandene Selbstbestimmtheit für die Lernenden wirken sich negativ auf das Ziel der bestmöglichen Kompetenzweiterentwicklung aus. Einen erfolgsversprechenden Ansatz verfolgt das Goal-Based Scenario. Die Umsetzung erfolgt dabei durch Planspiele und Simulationen. Es zeigt sich zwar, dass auf dem Gebiet des elektronischen Lernens nicht alles vom Niveau vergleichbar ist mit dem Lernen in der altbewährten Form, sich aber die elektronische Form des Lernens immer mehr zu etablieren scheint. Letztendlich muss jedes Unternehmen für sich entscheiden, welchen Weg es in Bezug einer erfolgreichen Mitarbeiterweiterbildung beschreiten möchte. Eine Trainierbarkeit, der immer mehr an Bedeutung gewinnenden Soft Skills, ist - Stand heute - zweifelsfrei auf beiden Wegen möglich. Die Hauptfragestellung zum Thema lässt sich somit positiv beantworten.

---

[39] Vgl. Hasebrook, J. & Zawacki-Richter, O., 2005, S.23f.

Literaturverzeichnis

Literatur

Bolten, Prof. Dr. Jürgen	Interkulturelle Kompetenz und ganzheitliches Lernen – Zur Theorie und Praxis interkultureller Kompetenzvermittlung in der Wirtschaft, Dokumente 58, Heft 5, 2002, S. 40-46
Bundesinstitut für Berufsbildung (BIBB)	Betriebliche Weiterbildung: Fachübergreifende Kompetenzen werden immer wichtiger, Pressemitteilung 06/2009, Bundesinstitut für Berufsbildung (Hrsg.), Bonn, 2009
Bundesinstitut für Berufsbildung (BIBB)	Förderung sozialer Kompetenzen in der Aus- und Weiterbildung – Innovative betriebliche Modelle gesucht, Pressemitteilung 18/2015, Bundesinstitut für Berufsbildung (Hrsg.), Bonn, 2015
Bundesinstitut für Berufsbildung (BIBB)	Ein Blick hinter die Kulissen der betrieblichen Weiterbildung in Deutschland, BIBB Report 07/09, 2. Jahrgang, Heft 7, Bundesinstitut für Berufsbildung (Hrsg.), W. Bertelsmann Verlag GmbH & Co. KG, Bonn, 2009
Erpenbeck, Prof. Dr. John und von Rosenstiel, Prof. Dr. Dr. h.c. Lutz	Kompetenz: Modische Worthülse oder innovatives Konzept?, Fachzeitschrift „Wirtschaftspsychologie aktuell", Ausgabe 3/2005, Deutscher Psychologen Verlag GmbH, Berlin, 2005, S. 39-42

Flasdick, Julia	Mit E-Learning soziale Kompetenz erlernen?, „trendbook e-learning 2005/06", M. Pichler (Hrsg.), Haufe Fachmedia, Würzburg, 2005, S. 8-11
Hasebrook, Joachim Zawacki-Richter, Olaf	Softskills online? Lernziel interkulturelle Kompetenz, „Auf zu neuen Ufern! E-Learning heute und morgen", K. Nölting & D. Tavangarian (Hrsg.), Medien in der Wissenschaft, Band 34, Waxmann Verlag GmbH, Münster, 2005
Hölbling, Gerhart Reglin, Thomas	Kompetenzentwicklung mit neuen Medien?, „Lernen im Netz und mit Multimedia - Vier Gutachten", Arbeitsgemeinschaft Betriebliche Weiterbildungsforschung e. V./Projekt Qualifikations-Entwicklungs-Management (Hrsg.), QUEM-report, Heft 80, Berlin, 2003
Redlich, Alexander Rogmann, Jens J.	Computerunterstütztes Soziales Lernen (CSSL) – Ein paradigmatischer Ansatz für die Entwicklung von Sozialkompetenz im Blended Learning, „Studieren neu erfinden – Hochschule neu denken", K. Mayrberger, M. Merkt, R. Schulmeister, A. Sommer & I. van den Berk (Hrsg.), Medien in der Wissenschaft, Band 44, Waxmann Verlag GmbH, Münster, 2007
Zumbach, Univ.-Prof. Dr. Jörg Moser, Mag. Sonja Starkloff, Dipl.-Psych. Philipp	Soft-Skills Training mit interaktiven fallbasierten Trainingsszenarien, „Selbstorganisiertes Lernen im Internet.

	Einblick in die Landschaft der webbasierten Bildungsinnovation. Sammlung von ausgewählten Fach- und Praxisbeiträgen zu interaktiven Lehr- und Lernszenarien", Buch Kapitel, V. Hornung-Prähauser, M. Luckmann & M. Kalz (Hrsg.), Innsbruck, 2008, https://www.sbg.ac.at/mediaresearch/zumbach/download/2007_2008/chapters/SoftSkills_Buchpublikation_neu_final.pdf zuletzt abgerufen am 19.05.2018
Zumbach, Univ.-Prof. Dr. Jörg	Online-Lernen in Unternehmen, „Netz-Bildung", Buch Kapitel, C. Thimm (Hrsg.), Frankfurt, 2005, https://www.sbg.ac.at/mediaresearch/zumbach/download/1999_2006/book_chapters/zumbach_netzbildung.pdf zuletzt abgerufen am 19.05.2018

Internet

Gabler Wirtschaftslexikon	Werte https://wirtschaftslexikon.gabler.de/definition/werte-49667/version-272895 zuletzt abgerufen am 19.05.2018
Mattscheck, Markus Onlinemarketing-Praxis	Definition E-Learning https://www.onlinemarketing-praxis.de/glossar/e-learning zuletzt abgerufen am 19.05.2018

BEI GRIN MACHT SICH IHR WISSEN BEZAHLT

- Wir veröffentlichen Ihre Hausarbeit, Bachelor- und Masterarbeit

- Ihr eigenes eBook und Buch - weltweit in allen wichtigen Shops

- Verdienen Sie an jedem Verkauf

Jetzt bei www.GRIN.com hochladen und kostenlos publizieren